prise
deparole

Éditions Prise de parole
205-109, rue Elm
Sudbury (Ontario)
Canada P3C 1T4
www.prisedeparole.ca

Nous remercions le gouvernement du Canada, le Conseil des arts du Canada, le Conseil des arts de l'Ontario et la Ville du Grand Sudbury de leur appui financier.

Poèmes de la résistance

Collectif

Poèmes de la résistance

sous la direction de
Andrée Lacelle

Poésie

Éditions Prise de parole
Sudbury 2019

Conception de la première de couverture : Olivier Lasser

Idéation : Stéphane Cormier
Édition : Andrée Lacelle et Chloé Leduc-Bélanger
Infographie : Alain Mayotte et Chloé Leduc-Bélanger
Correction d'épreuves : Gérald Beaulieu

Diffusion au Canada : Dimedia

Catalogage avant publication de Bibliothèque et Archives Canada
Titre : Poèmes de la résistance / sous la direction d'Andrée Lacelle.
Noms : Lacelle, Andrée, 1947- éditeur intellectuel.
Identifiants : Canadiana (livre imprimé) 20190100400 | Canadiana (livre numérique) 20190100419 |
ISBN 9782897441821 (couverture souple) | ISBN 9782897441838 (PDF) | ISBN 9782897441845 (EPUB)
Vedettes-matière : RVM : Poésie canadienne-française—Ontario. | RVM : Poésie canadienne-française—21e siècle. | RVM : Canadiens français—Ontario—Droits—Poésie.
Classification : LCC PS8295.5.O5 P64 2019 | CDD C841/.60809713—dc23

Dire la lumière de notre colère

Réveil brutal ce matin-là. L'annonce des coupes cinglantes du gouvernement Ford et son indifférence inqualifiable face à la réalité franco-ontarienne me heurtent au vif. Urgence de dire haut et fort et sans attendre. Dès lors, je lance un appel à nos poètes : *Dire la lumière de notre colère.* Aussitôt me parviennent des réponses passionnées. Un poème rapaillé se dresse dans sa solidarité bouillonnante et circule à grande vitesse sur les réseaux sociaux. Le recueil collectif que vous tenez entre vos mains prolonge cette poussée vivifiante. Élan engagé unissant des poètes de l'Ontario, né·e·s ici ou ailleurs, à des poètes qui y ont vécu et qui y reviennent parfois, souvent, ce recueil s'inscrit à son tour dans la résistance.

Le poème, c'est l'acte d'être au monde à part entière, au plus intime de notre vie comme au sein de notre collectivité. Consciemment ou inconsciemment, le destin personnel participe du destin collectif. Ce sont des espaces inséparables. Toute poésie est résistance et maîtresse des lieux, car elle occupe la langue et le langage. Parole surgie de la mémoire et de tant d'inconnu, sa pensée part du cœur. Lucide, le poème cherche à dire l'histoire de nos histoires.

Mais comment dire la marge même de l'appartenance franco-ontarienne ? Or, même s'il est difficile de dire *ici, j'écris* – car *ici* est vaste, épars, ouvert, disperse, on s'y perd – nous, poètes cartographes, travaillons une langue prospectrice, amoureuse, féconde qui pérennise la trace de notre présence passée, traversée, métissée, et sonde celle à venir. Comme la vie est un arbre avant d'être une maison, nos mots-souffles habitent ce chez-nous et ce chez-nous est votre hôte.

ANDRÉE LACELLE

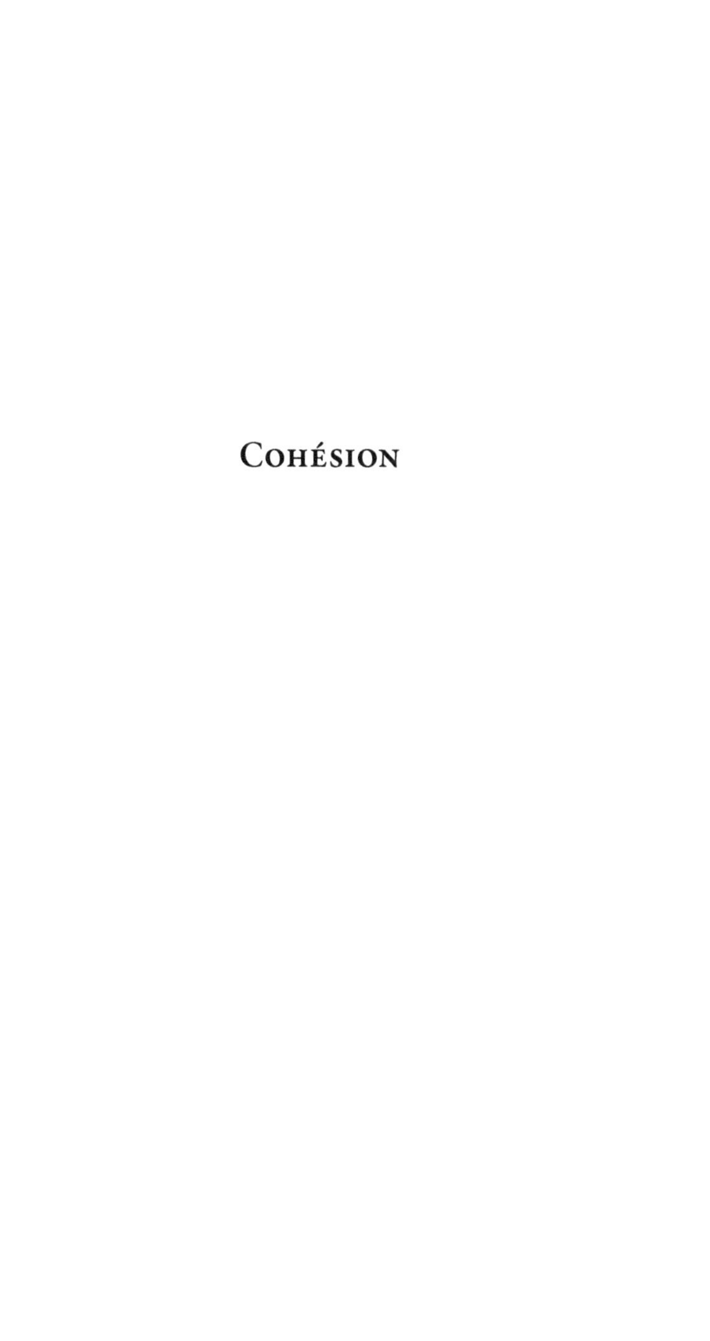

Cohésion

Les Dead Ducks vous disent bonjour

Jean Marc Dalpé

PREMIÈRE PARTIE

19 novembre 2018

Nous montons de nouveau au front
Retrouver un adversaire que nous connaissons bien
Comme hier
Il cherche à nous effacer de l'histoire (et de
l'Histoire)

Nous le côtoyons depuis longtemps

Mais nous sommes toujours là
Aux aguets et en beau joualvère
Le Verbe effilé et l'œil vif Toujours là Inspirés par

Le regard acéré de Gisèle devant Montfort
Le regard perçant de denise à Sturgeon
Les regards enjoués et piquants de nos grands-mères
sur les marches de l'École Guigues
Le regard noir de Madeleine Dumont aux abords de
la Saskatchewan Sud
Le regard indompté de toutes les jeunes filles
entassées à bord des navires près de Port-Royal
Qui attendent le départ un matin de novembre de
l'an 1755

Nous montons de nouveau au front

Nous avons reçu l'appel
Madeleine et Gilles et Carol, et Kevin et Kate et
Fatima
Lady Di Moineau Rocky Ti-Pit Bobby Hamidou
Bri-Bri
Du Nord de l'Est de Toronto Welland Windsor
Pointe-aux-Roches New Liskeard Smooth Rock
Hanmer Chelmsford Orléans Alfred Hawkesbury
L'œil alerte le Verbe à vif

ET NOUS NE SERONS PAS EFFACÉS
Ni par les Goddamns ni par les Orangistes ni par
MacDonald ni par Harris
Et ni par Ms Mulroney ni par Ford avec ou sans sa
soi-disant Nation
NON
Cette histoire là – ne pas se laisser effacer – est la
nôtre.

DEUXIÈME PARTIE

1er décembre 2018

NOUS ? C'est qui ça, nous ? (recette de base)

Combiner
Anciens canayens (avec ou sans patins, pucks, rigodons et Notre Père)
Alliés (avec ou sans alliances, lits, cérémonies ou permissions sauf le désir de jouer ensemble)
Et nouveaux arrivants (avec ou sans leurs tapis de prière, épices, boubous, contes et accents)

Bien mélanger dans une Cuisine surchauffée qui a servi à faire de la Poésie (rimée ou pas)
Tout ce qui vous tombe sous la main
Frenchies Frogs Dead Ducks Zombies Francos
Hybrides Cadavres encore chauds
Des Pays pas pays pleins d'esprits libres et de libertins cosmiques Quelques Drag Queens
Beaucoup de Bon Temps qui roulent De la guit' des cuillères Au moins un violon 'stie
Sans oublier une référence au Nord Au Nord AU NORD DE TOUT' !

Ne pas trop s'en faire pour la syntaxe
Ni pour des histoires de frontières floues
Plutôt s'amuser avec

TROISIÈME PARTIE

21 janvier 2019

LES DEAD DUCKS VOUS DISENT BONJOUR

Réaction suggérée aux sempiternelles prédictions
(statistiques du taux d'assimilation à l'appui)
de notre extinction à plus ou moins brève échéance
prononcées par ceux et/ou celles qui aiment
tellement nous regarder de haut.

Vous les connaissez.

Ils/elles aiment se relire dans *Le Devoir* or in the
National Post.
Ils/elles aiment se revoir lors des rediffusions de
Tout le monde en parle.
And they just can't get enough of those retweets
Makes 'em come in their knickers!

DEAD DUCKS ? (question à choix multiples)

A. Une population incomprise de palmipèdes.
B. Un groupe musical des années 90 qui a failli engager Patrice Desbiens comme *drummer*.
C. Une équipe sportive ironique et post-moderne.
D. NOUS… Nous ? Selon eux ? Ou selon nous sauf… – Voir partie 2 et puis partie 1 ensuite…

À l'approche de lui/elle au regard plein de sa sollicitude méprisante PRONONCER CLAIREMENT
D'une voix forte en les fixant dans les yeux
(à l'unisson – ce sera encore plus beau)

LES DEAD DUCKS VOUS DISENT BONJOUR

Je suis, nous sommes la rivière

François Baril Pelletier

Je suis, nous sommes la rivière
Non le cours d'une lente agonie
non le symbole d'une disparition
ni la trace d'un effritement
mais le sourire de nos petites gens
la marche de 600 000

Vivante présence
la langue de nos ancêtres
jusque dans nos os
notre palais
de mots   édifice construit
du sang de notre résistance
depuis la fragile chaumière

notre parole

Je ne suis pas né
made in Franche Ontarie

Depuis les hauteurs de l'île
depuis les soleils et les champs de blé
je suis le fils adopté
par une grande fraternité
plus grande que cette famille
qui ne se connaît pas

Je vous remercie
du coeur riche de cette Ontarie franche fraîche
car notre noyau n'est pas conquis
il a fleuri mes armoiries

Notre langue
Nous l'offrons au cœur de notre combat
depuis la chaleur de nos foyers

Toute une patrie
plus forte que la tempête
au large de la bataille

Nous résistons en corps
ni la tempête ni le tremblement ne nous effraient
tel le roc dans l'eau
aux poussées du fleuve
aux racines du vent
avec la vérité de nos pères
le parler de nos mères

Nous sommes levés vivants

BECS ET ONGLES

Clara Lagacé

ta mappemonde devient
lignes pointillées
d'empreintes

la marche
sera longue
à raccommoder les voix métalliques
à suturer l'envie
d'ailleurs
d'envol
d'élan
de silence
un fredonnement qui te prend parfois par les ailes

le devoir de vigilance
épuise
ta parole
sans pudeur   hagard
ton visage s'accroche
traits retenus par force de poings et
becs et ongles et dents et griffes

combien   encore

tu avances à poids
lourds les ampoules
sur tes pieds
routes empruntées

les corps s'ajoutent en couches
de mots et
pour marquer le pas
pour te donner du courage
sans lâcher prise
tu les chantes

Fleur

Paul Savoie

je ne suis qu'une petite fleur
dans un champ suffisamment vaste
tout ce qui est sombre et néfaste
aurait raison d'en avoir peur

mes hiéroglyphes sans odeur
font vaciller chaque structure
sous l'indescriptible lueur
perçant l'incontournable armure

quelque chose qui vrille et qui brise
un tremblement, un souvenir
plus subtil et pur que la brise
danse qui fait parfois frémir

je ne suis qu'une petite fleur
dépourvue de tige, de pétale
un battement, une fureur
fil tendu contre le dédale

un champ presque intimement vaste
à la portée d'un geste fou
fort, furieux et iconoclaste
beau, brave et infiniment doux

Chez nous !

Angèle Bassolé

Sur notre îlot francophone
Dans cette mer anglophone
Nous refusons de nous laisser détruire
Nous résisterons jusqu'à la victoire finale
Ici et là
Nous sommes debout
Debout et fiers d'être ce que nous sommes
Des êtres entiers et fiers
Des rois et pas des riens
Franco-Ontariens et fiers d'être là
Chez nous.

J'ai fait cent fois le chemin

Stefan Psenak

j'ai fait cent fois le chemin
mille fois la route
qui me sépare
de mon lieu d'origine

l'appel du vent
dans les épinettes noires
m'accompagne
en passager clandestin
me sert de boussole intérieure
de musique de road trip
tam tam et sifflement

500 kilomètres
jusqu'à ma renaissance
à l'ombre des silos
du Moulin à fleur
théâtre de boulangerie
parole de résistance
parole d'existence
dans cette langue apprise
ni tout à fait mi'kmaq
ni tout à fait slovaque

j'oppose une force à une autre
je mesure le rapport
entre tension et intensité
je teste le courant
je résiste

à l'abandon
je me fonds
dans la cohésion du groupe
je résiste
à la tentation d'abdiquer

j'occupe
le territoire intérieur
je prends pays
dans l'imaginaire

je prends pays
comme on prend le maquis

dans tous les sens
j'endosse la cause
je suis d'ici et d'ailleurs
à cheval sur une frontière
la tête au nord
le cœur au chaud

j'ai fait cent fois le chemin
mille fois la route
je connais
chaque croche
chaque écueil
chaque *cycle de ronces*

j'ai fait cent fois le chemin
mille fois la route
j'aperçois au loin
les étendards
j'aperçois au loin
celles ceux qui les portent

je rentre chez moi
enfin je suis
à la maison

Sentiment

On aurait pu bien s'entendre

Sonia-Sophie Courdeau

Longtemps je nous ai tenus pour acquis.
Majoritairement, boréalement franco-ontarienne
je me suis fait couper l'arbre sous le pied :
ma coquille s'est fracassée
le doute a remué mes plumes
mon aile s'est rabattue contre moi.

Suis-je engagée parce que j'écris ?
Je n'y avais jamais réfléchi.
Aujourd'hui le papier tressaille et
je ne peux faire autrement que de serrer plus fort
mon stylo.
Qu'il résiste.
Qu'il obéisse à mes choix.
Qu'il enjambe cette fêlure dans ma voix qu'on
enterre.

Je n'ai jamais consenti à me battre.
Je n'ai jamais consenti à me justifier.
Je brandis mon stylo comme un drapeau vagabond.
C'est une habitude *that dies hard*.

J'écris donc j'existe.
J'écris donc je défie le silence.
J'écris parce que je nais à moi-même
en jetant mes accents circomplexes sur la page.
J'écris pour éviter que ma langue carousselle dans
sa cage : ma bouche.

On aurait pu bien s'entendre, Doug.
On aurait pu correspondre
si tu n'avais pas choisi de découper mes vers
de m'imposer ton rythme.

Ma poésie te fait des clins d'œil que tu ne remarques pas.
Ma poésie est un *pick up line* que tu ne comprends pas.
On aurait pu mêler nos langues.
Si tu n'avais pas choisi de surfer sur la mienne.
Si tu n'avais pas choisi de renverser la prouesse
de mes textes.

Flotte de mots.
Flotte de trop ?
Tu ne me feras pas goûter à ton fiel.
Tu ne me feras pas couler dans ta salive
dans ton ignorance
à perte de vue.

Tire la *plug* et regarde-moi voguer.
Poule de plogue et regarde-moi
j'ai des ailes de papier !
On aurait pu trouver moyen de naviguer ensemble
si tu n'avais pas jeté mon orgueil par-dessus bord.
Mais ton anglais est dur d'oreille
et j'ai le vent dans les cordes vocales.

La frayeur des marmottes au printemps

Antoine Côté Legault

tu es débarqué
beaux gros sabots aux pieds
comme un dalmatien dans un jeu de dominos

parfait costume de caméléon
croyais-tu
manichéen animal
sans la moindre nuance de gris
sur ton épais pelage monochrome

nous avons vu impuissants
toutes les tuiles du damier
être une à une renversées
retour à la case départ
tabula rasa
au nom de quelque crise de croissance
l'entièreté de l'ardoise effacée
for the people

et tu as poussé l'audace jusqu'à entreprendre
une partie de Tape la marmotte
en fin fanatique d'arcades archaïques
ne sais-tu pas
malgré nos genoux cornés sous le joug de l'Église
nos dos rompus à cultiver la terre
notre longue expérience à nous tenir debout

ne sais-tu pas
nous ne sommes pas marmottes
à avoir peur de notre ombre

tu t'es même fantasmé artiste de cirque
dans un moment de faiblesse
célèbre lanceur de couteau
préférant de loin voir
minorités marginalisées
freaks et frêles en tous genres
frétiller devant la cible

d'inlassables et insatiables couteaux
lancés yeux fermés
sans jamais laisser présager
de quel côté tombera la coupe

n'as-tu pas seulement songé
nous excellons dans l'art de l'esquive
question d'hérédité

assassiner la sérénité
virer l'espoir à l'envers dans ses *shorts*
rompre les os de la solidarité
couronner la peur
la faire régner tout haut sur un piédestal
you wish don't you

tu ne crois pas nous faire peur j'espère
même si c'est vrai que c'est beau
magnifique même la peur
un sentiment des plus purs

ne sais-tu pas
nous ne l'offrons pas à tout vent
à n'importe qui
au premier venu le premier soir
c'est précieux la peur
un fragile trésor qui ne se laisse pas aisément ravir
caché derrière les mille et un remparts
grillages de fer
étangs à crocodiles
de notre château-fort intérieur

vieux dogue ne sais-tu pas
nous escadron de marmottes
ne céderons pas notre peur si facilement
ne laisserons pas nos espoirs nos rêves nos sourires
pourrir au fond des mêmes coffres-forts
où dorment en piles inutiles
quelques paresseux dollars

En sourd mineur

Blaise Ndala

Frère en do mineur
m'entends-tu ?
à mon secours je n'appelle
ni Champlain ni le champagne
ni la Vierge ni le Viagra
ma fierté est une sainte putain
qui sucera jusqu'à plus soif
le fleuve boueux de ton mépris

Dard debout je pourfends
ton amour pieuvre
franc à jour
quand je m'incline
vache à contre-jour
quand les cimes je tutoie
ivre à jamais
parce que libre

Sœur en sol majeur
me vois-tu ?
à tes pieds j'immole
l'Agneau taiseux
qui enlève l'Impensé immonde
sur ton autel sans lauriers
je plante en mots ciboires
le lys blanc de l'éternelle jouvence

Dard debout je pourfends
tes baisers florilèges
de miel au boréal
lorsque j'encense Wolfe
de fiel aux antipodes
quand au diable je confie Harris
et que je pisse vent debout
aux commissures de tes impostures

Pays en sourd mineur
ci-gît le ouï-dire
de mon soliloque aux aurores
de mes immaculées déceptions
liberté rivière
au fond de laquelle infusent
quatre siècles de coït
avec le futur antérieur du présent

Alors quoi sœur
Vais-je
de mon âme de Phénix me repentir
soigner dans le gros mensonge familial
tes microbes légalement transmissibles ?
Vais-je
de mes breloques ternir l'éclat
pour un hiver de plus contre ton nombril ?

Vais-je
de ce fort où j'ai hissé mon destin
descendre la mémoire en berne
offrir mon rêve à ta nuit d'encre ?

Alors quoi frère
dis-moi
te sens-tu à l'étroit
dans l'urètre de la sainte bêtise
pour réclamer à ma langue poudre de chasse
un havre d'outre-tombe ?
Dis-moi
fait-il minuit tous les midis

sous ton sépulcre
où la vermine de la pensée inique
se repaît du sang vert et blanc de ses proies ?

Lasse de tes assauts
Quand tu répondras
Notre patience ne sera plus là.

Je ne me savais pas francophone

Elsie Suréna

Je croyais seulement parler français
À côté du créole natal interdit à la fillette
Trop vulgaire pour bien s'exprimer
Comparé à la langue du colonisateur

Je ne me suis jamais pensée francophone
Dans ma jeunesse constellée d'ouvrages en français
Lire était mon passe-temps de bonne élève des sœurs
Entre me baigner à la rivière et suçoter des mangues

Je croyais nécessaire comme insulaire
De maîtriser plusieurs langues, sans renier la native
Pour rejoindre les autres, pour la survie aussi
Sait-on jamais où pousseront les vents contraires ?

Je ne me suis jamais sentie francophone, avant
Juste la bonne case à cocher dans des formulaires
Un enfermement plutôt, tout comme pour *noire*
L'une des étiquettes que bien des gens me réservent

Je ne me savais pas francophone
Jusqu'à ce que l'opposition aux Franco-Ontariens
De m'sieur Ford m'accule à ressentir l'appartenance
À notre grande et belle minorité francophone

Puisqu'il faut accorder le chant
Gilles Latour

PUISQU'IL FAUT ACCORDER LE CHANT
aux temps suris et régler la parole aux vols
chaque jour subis et accabler la caresse allusive
aux voix vives pour fixer le rivet à la cuirasse
nécessaire du choix, il advient que le chien
le plus doux soit tenu de redevenir loup
de joindre la meute de hurler à l'astre
contraire et à l'oreille inhumée de celle
qui nous a glissé son sein dans la bouche –
avec l'éruption dans le champ des pages
d'hommes de femmes et l'éveil des corps
détritus de nos terres volées et recels reçus
d'aïeux sourds au capital aborigène dissipé

ou distraits par parenthèse vide et trou noir
de bouches où la langue mûre couve ses œufs
d'hirondelles bleues – alors, que nos dents
croquent enfin les diamants de l'offrande
fractale et crachée, voici le portrait en pied
devant la canonnade et le grisou où germent
ces mots : le temps remémoré impose que
LES CHIENS REVIENNENT AU LOUP !

Mon dernier poème

Frédérique Champagne

Minuit sonne
J'abandonne
Le soir tombé sur mon accent de peinture écaillée
Qu'une langue morte pour me taire
L'oubli mot à mot
Ma plume s'arrête, coups de règles contre poèmes
Dire le non
One last time, la nuit
Éparpillées aux quatre vents
Mon âme noire, ma parole maudite
En chant du cygne
Au corps à corps, l'exil
Couchée en joue, ma fleur de lys noire
Assimilée dans l'au-revoir
Ma langue hors-la-loi à crier dans le vide
En larmes, jeudi noir dans ma voix
Sous le pont Alexandra coule l'Outaouais
Et mon français
Contemplant les étoiles, ce soir, je la sens venir
Ma dernière heure
*Mais les jours s'en vont, [et] je demeure**
Ma jeunesse d'épingles à chapeaux qui se barricade
En avenir, seule
Contre le ciel en croix
L'anglais à la gorge, l'Ontario français en silence
En porte-voix, l'espérance

---

*Guillaume Apollinaire, « Le Pont Mirabeau ».

Par mes lèvres de neige de poète de langue maudite
Sur le chemin des novembres
Je suis demain trop tard
Au bout de la corde de l'assimilation
Mon bâillon à arracher
Sur l'échafaud de mes vainqueurs, mon nom
Étoile filante
À pendre
Avec mon dernier souffle de France vert et blanc
DE RÉSISTANCE

Elle et l'autre

Véronique Sylvain

elle
ne veut pas

que flotte
à jamais en berne
un drapeau

s'envelopper
d'un avenir
esclave
de son passé

noircir
son âme
sous ses
mitaines

elle
ne veut pas

être

la dernière

des Franco-Ontariennes.

elle voudrait

se créer
une place

dans ce
brouillard
de
faux
nénuphars

s'inventer
un paradis

dans sa
géographie
mentale

derrière ses
deux
hémisphères

elle voudrait
goutte
par
goutte

que l'endroit
soit fluide

liquide
qu'on puisse
le boire

✣

qu'on croie

en la parole
de cet habitat

qu'on la fasse
entendre

qu'on rapproche
la distance

entre soi
et l'autre.

qu'on réunisse
des rives

qu'on babille
pour

H.A.B.I.T.E.R.

Héros

Pierrot Ross-Tremblay

À Maikan

Au temps de ténèbres
Conscience brasier
Notre amour sincère
Est ce bras impérieux
Apte à déchoir
Le magistral despote

Le regard franc écache le mirage
Ce cœur est émeute
Probe légion
Notre soif de grâce
S'épanche à la dignité de tous

Nous ne baisserons pas le front
Au risque de périr de la honte
D'avoir offert aux césars
Les perles de notre honneur

Ces lueurs scintillantes
Au fond des yeux d'enfants
Sont les diamants de notre guerre
Ces sourires notre dodem

Ceux qui ont été nous entendent
La mémoire est complète
Et ceux qui viennent nous regardent
Impitoyables, les griffes acérées
Prêts à larguer nos amarres fourbes

Allons, émissaires de candeur
Portager la parole des muets aux sourds

Matériaux

Il était une fois l'ohm
Éric Charlebois

Je suis électricien agréé
agreed upon
Je suis le président du
regroupement des
électriciens
poètes
de l'Ontario francophone et francophile
le REPOFF
Je suis l'ohm de la situation
l'ohmbudsman
de la résistance électrique
et du bilinguisme en conduction
Je suis fil-de-fériste grimpant le long des murs

Lorsque le gouvernement ontarien m'a embauché
pour la conception du circuit électrique
de sa tour de
Babble
je n'ai pas hésité un joule
Je me suis alors présenté comme expert de l'
electrickle down effect
Le premier ministre a adoré la composante *down*
y voyant l'importance de l'ancrage
voulant que l'on construise la tour
sans l'ériger
c'est-à-dire du haut vers le bas

Re-frein hors rythme et sans rime

Comprimer le fait français
Se brancher à la résistance
Tout câbler en argent
Ignorer que c'est le métal
qui a la plus grande résistivité

La tour castrait l'horizon et fécondait le ciel
Seuls les non-francophones et les non-francophiles
y auraient accès
pour surplomber avoir une vue d'ensemble
être immunisés demeurer immaculés

Un jour le premier ministre lui-même est arrivé
dans un nuage de soie fine bleu royal
qui précédait et suivait à la fois un char en latex
And the rest is his to read
(Et le repos mérite d'être lu)
How's my tower coming along? (Puis, ma tour ?)
Une chance qu'ils l'ont construite
à partir d'en haut
I mean how's the power coming along? (Le courant
non pas le pouvoir)
Il voulait que sa tour soit à la pointe fine
Le mirador était aménagé en appartement-terrasse
pour faire régner le mot d'ordre (silence)

(Refrain)

La tour de Babble était presque à point
Il ne restait qu'à la fixer au sol
Ils y seraient à l'abri de la combustion française
de la minorité majeure et vaccinée placebo
de l'accent froid des incendiaires de compostage
Juste avant de démanteler nos échafauds
nous avons procédé à la mise sous tension du système
de climatisation et de transfert électronique

(Refrain)

Soudain une cataracte torride nous a terrassés
Une nuée de vapeur de métal a fondu sur nous
La poussière calcinée a enveloppé la tour
Une odeur d'enfer forgé s'est répandue
Notre peau était seul gicleur
Le premier ministre a vociféré des obscénités
dans la seule langue qu'il connaissait
Pourtant il n'y avait aucun feu
rien non plus ne s'était effondré
Puis la langue s'est épaissie et couverte de suie
Il n'y aurait plus jamais de babillage
seulement la poésie l'amour de l'autre
la résistance électrique
et électorale
et l'argent mieux filé et enfin feelé

(Refrain)

Ciseaux

Catherine Parayre

Nous prenons un carton
nous prenons des ciseaux
quelques mots franco
qui connaissent Toronto
Welland et Ottawa
et le Nord.
Avec les ciseaux, nous faisons une boîte
en carton.
Nous coupons les mots
ils s'émiettent
dans le carton
qui respire, halète
ils s'épandent
gonflent à vue d'œil
les miettes épongent
l'espace dans la boîte
se cognent au carton
ouvrent des écoles
les mots franco sont rigolos
et quand les chiens aboient
là-bas, hors des écoles
à la lisière, ils s'agitent
se cognent aux murs en carton
s'aiguisent, se coupent, s'étirent
s'émiettent encore, essaiment.

Avec les mots franco
on fait des livres
et, avec les livres
des bibliothèques
des universités.
Les mots trillés y fleurissent
tranquillement ; les livres
s'effeuillent, couvrent les arbres.
Papier, bois se mélangent
s'unissent et disent
déversent des paroles
débordent des fontaines
dévalent les rivières.
Papier, bois, caillou, ciseaux
ciseaux, couteaux, coupures
ciseaux, couteaux
ciseaux, couteaux
ciseaux,
couteaux.
Les mots, les mots franco
se dressent, comme des arbres
et coulent encore
ici et là, hors des écoles
et dans les écoles, mais pas
plus haut et pas plus loin.

Bien parlure du temps invisible

Gilles Lacombe

Petite ignorance crasseuse de tout le monde et de tous les jours.
Petits discours de grenouilles et de crapauds aux ventres replets de bougies et de casseroles,
aux grosses galoches de boue et de poussière, qui gobent au passage des tranches de gâteaux de mariage
condensés en boules de pistaches et de croustilles :
à grignoter devant la télé, bière à la main,
pensant à rien ou à si peu, gobant un grand tas d'immondices sucrées.
Petit désespoir de mourir dans sa graisse, gobe-tout.
Petite bière sirotée à une piastre la douzaine, la mitaine de neige, le casse-croûte de misère,
la brasse-camarade facebookienne et les rigoles gorgées de pétales de roses, de farfadets et de pierres lunaires.

Car la résistance est complice du temps que nous sommes, présence écartelée entre ses fissures et les cercles polaires se rétrécissant à vue d'œil, de l'Équateur à aujourd'hui.
Car la résistance est la spirale de bien parler une langue d'écorce et de sauvagerie qui nous fait rire quand on la fait danser sur la pointe de ses souliers.
Car la bien parlure, la bien lecture, la bien écriture, on les devine, comme on les ressent, comme on les respire depuis trois cents ans ou moins quand elles

s'esclaffent dans une autre voix, méconnaissable et inconnue, qui nous laisse ébahis d'elle-même, déroutés et tournés de soi comme le miroir sans voix que nous serions devenus.
Car la résistance, c'est que personne ne peut parler à notre place aux petits ministres joufflus qui jonglent, tout seuls devant la lune sanglante de leur écran troué, avec des gobe-sous de baliverne et des bit-coins d'argile qu'ils sucent comme des glaçons.
C'est crier que le fantasme de la rivière du temps ne peut renverser, chavirer et saborder son débit sans déferler, blanche et neuve, sur l'éclatante vérité de notre présence ici, maintenant, en Ontario, en français.
C'est savoir qu'ils s'en crissent royalement, et persister doucement, claire lumière du temps invisible qui nous transperce, chamanes des aurores boréales.

La ville brûlée respire

Thierry Dimanche

(Vous pensiez effacer l'invisible ?)

Mais la ville brûlée respire
de toutes ses cendres retournées.

Monologue souterrain
ne-pas-être
pose la question.

✣

L'impossible
dans la cité discrète
serait d'aller déposséder

les cascadeurs émérites de la disparition.

✣

(Comme dans un vieux film d'épouvante
ou une science-fiction en cours
un peuple deux fois recouvert englobe le monde.)

C’est un courant alternatif
(il aime la distance)
on peut l’éteindrc à volonté
(il se rallume ailleurs.)

N’essayez pas d’étouffer l’éclair
ne posez pas vos doigts graisseux
dans notre système d’alimentation
vous pourriez éveiller (ce rêve indomptable)

le carrefour aveugle

où l’électricité
et la voix
nous négocient

l’avènement
d’une personne multiple.

(La belle grande ruche à visages.)

Entre l'omega

Sylvie Bérard

De la 401 à la 117 à la 108
La langue dents de scie dans des bois en friche
des banlieues échaffaudées
des condos qui croissent
Les bouchons des routes mes parcours délayés où les
bornes sont multiples

Entre Belleville et Sault-Sainte-Marie
entre Rivière-des-Français et Chenail Écarté
Les lieux-dits espoirs zigzaguent entre les
défenses quand ils essaient de parler
des sens tenaces
Je ne réside pas dans le passé mais dans l'espace

Relais pointillés de Tim Hortons potions
étoiles Starbucks brioches le mot perd
son doré
Le marc des brûleries s'accroche aux filtres des routes
nordiques emballées
Mon nom exotique tracé méconnaissable dans le
porte-verre

D'Outaouais en Laurentie jusqu'au cours massacré
sacrifié des réseaux d'influence
L'alternative continue dans le champ
les chemins bifurquent en impasse
Je perds le fil des savoirs faire plus avec des moins
en moins opportunistes

Il s'en perd à la course sur les accotements d'un
territoire colonisé la surface de l'histoire en
route vers son oubli
Diviseurs de tension dévidoirs des sons des tempos
grisonnants des espaces vidés
Le mot mort glisse comme dans du beurre d'une à
l'autre électrode dessine la fin lente
D'une part les avenirs mis à off d'autre la plug
tirée sur les symboles enfilés
Pourquoi s'arrêter en si bon chemin pourquoi ne pas
finir ce qui a été commencé
Dans le silence amplifiant des solidarités buzzent
ailleurs là où c'est plus à la mode

Entre les volte-face des meetings polaires et la
chaude révolte qui file
D'où tenez-vous que la langue voltige sans
qu'on entende ses ailes
Pensez-vous que les timbres sonores ne s'échappent
pas des lettres froissées

Les oxydes cristallins des aurores vertes et claires
        faisceaux de tensions tirées vers les pics
Les électrodes éparpillées des voix tendues
        les lèvres dénudées
Transistors répandus montés en rangs de parole
        langue glissée dans les interstices des voies
Ce qui dans les bouches a résisté
        réussit à dire quand tout cherche le mute
Des philtres ioniques pétillent dans la gorge
Des goûts sucrés comme du fer liquide

Entre l'alpha de la langue et le fin mot du désir les
        mots sinuent dans l'onde

Montent et descendent des horizons au volant
        électrique qui mène à tout vent
Les voix les paroles conductrices électrodes fondent
        les routes
Les voix les paroles se prennent les pieds dans les
        panneaux palimpsestes
        mais ne se taisent pas
La langue la route se lit sous les yeux
La langue la route les filages des résistances

Joncs pour une noce obligée

Tina Charlebois

Mes pairs m'ont offert un anneau en tungstène
un 45 tours de métal réfractaire
rétif et révolté
une promesse sphérique sans soumission
Ce bijou indestructible
accepté d'emblée
ne brûlera jamais lorsqu'on me prend la main
pour me guider
me cajoler
m'induire en méprise monologale
Il résistera à cette canicule cadavéreuse
en plein hiver
cette chaleur que je ne réussis point à calmer
dans mon foyer à gaz du plus naturel

Mes pairs m'ont offert un anneau en titane
pour me cabrer contre les chocs
des poignées de main calleuses
pour me griffer de l'inconnu et de l'abandon
Je n'ai pas encore choisi
autour de quel doigt le placer
consciente du tatouage
à l'encre sympathique

Mes pairs m'ont glissé un anneau en acier au carbone
dans la poche gauche de mon manteau d'hiver
la petite à l'intérieur
au cas où j'aurais besoin d'un minuscule cercle
pare-balles
sous le cœur et le sein
près du cellulaire
Endurcie par ce petit peu de plomb
j'ai enfoui ma main droite dans ma poche
protégeant mon cœur en tâtant la bague
de ma révolte

Mes pairs m'ont légué un anneau serti de diamants
roses blancs jaunes bleus orange
une mosaïque de forces inhabitables
dans ses couleurs sans symbole
Les pierres auraient pu me râper les doigts
mais on les avait polies avec une politesse purifiée
Même l'auriculaire n'en était pas incommodé

La main droite embijoutée
je me sais tenace
            devant les extrêmes
et ma mémoire indestructible

Aujourd'hui   je porte mon gant de velours
afin de vous dévoiler   demain
la ligne de ma vie qui mène à tous ces doigts
qui pointent
            vers l'horizon que je parerai
                        de ma propre résistance

L'INTERRUPTEUR

Chloé LaDuchesse

j'ai près de moi ma
petite ménagerie de cuivre
déployée par régiments
taxonomie imaginaire
pour les soldats rugissant
sur le vert tendre d'un
billard à trois pattes
je les pare d'atours électriques
leur invente une
fête foraine en toc
jeu de pinball
rouge à réveiller
morts muscles abois un
bélier ne saurait qui
de la tombe ou de la tête
se fendrait d'un assaut

côté plume c'est
la cervelle
que je préfère
rapaces moineaux autruches les
oiseaux de mauvais augure
perché sur un fil
un corbeau m'annonce
la fin de l'anthropocène
déploie ses ailes touche
au jour et à la nuit élucide
l'envergure du ciel
une façon de calculer
la distance entre
ici et la
lumière

je perds le sens du temps
quand j'appréhende
les heures
dans le noir dans
l'expectative d'une
chute lumineuse
le courant ne passe pas
de ce côté-ci de l'aube
une anguille épelle mon nom
j'avance une main aveugle
si seulement
l'interrupteur était
dans la pièce

Tenir tête

L'étreinte de la liberté

Pierre Raphaël Pelletier

LIBERTÉ
Prise sur le monde de la parole qui porte fruit

Effervescence de notre trajectoire
Pari gagnant sur le bonheur de soi et de l'autre

Fureur de fouiller les mystères de notre destinée
Poussée dans l'imaginaire de nos rêves
constellés du sens des choses

Nécessité indomptable de la vérité
qui balise nos parcours
à travers vertige, infortune, dépassement

Compagne irréductible de la beauté
imprégnée d'une humanité
que la mort ne peut vaincre

NOUS
Migrants de la liberté
qui ouvre les voies
d'un impérissable avenir

Par temps de tumulte
où la corruption et le mensonge
font bon ménage dans les affaires de l'État
où l'injustice donne lieu à des abus
à des aliénations perpétrées
par les autorités aux pouvoirs insensés
qui imposent une réalité propice au chaos

Nous nous insurgeons
Nous crions notre colère incendiaire

Nous refusons de nous soumettre
à ces tyrans qui veulent à la fois
posséder la planète
et assassiner nos libertés

Poème résistant

Brigitte Haentjens

Résistant disait mon père
et enfants nous étions fascinés
par ce mot qui évoquait
le mystère et la bravoure
la clandestinité
résister
comme refuser l'injustice
se lever
un acte d'espérance oui
et non le goût du sacrifice

Le chemin de l'humanité est jalonné
de tous ces gestes
héroïques, flamboyants
célébrés et médaillés
mais surtout humbles et minuscules
petits actes quotidiens
de femmes et d'hommes qui font l'Histoire
sans s'en vanter
sans palme ni couronne

Nous sommes captifs de ces conflits
que nous subissons
comme des fatalités
et qui nous enferment
nous immobilisent
nous ligotent et nous bâillonnent

face à notre impuissance
au sentiment d'écrasement
quand les bottes de ceux qui gouvernent
nous isolent
nous font courber l'échine
nous agenouillent nous avilissent
et nous coupent la langue

Mais si le rêve frappe à la porte
il nous réveille et nous anime
il trace un horizon
un avenir possible
donne l'espoir

le courage de se dresser
se relever
se mettre en paroles
en marche

Tenez-vous-le pour dit !
Jean Boisjoli

tenez-vous-le pour dit !

coulent les flots d'une vigueur foisonnante
ces eaux creuset de nos rives fertiles
témoins fidèles de nos luttes acharnées

vous faites la sourde oreille
vous refusez de nous voir
vous vous cachez derrière la chimère
de vos chiffres alambiqués
l'écran
de vos préjugés ancestraux

vos calculs sont assassins
vous ciblez vos attaques
dans nos écoles, nos hôpitaux
nos enfants, nos aînés, nos malades

méfiez-vous
la chaîne de notre résistance
est soudée par d'inextricables maillons
elle nous donne force
en nous coule la sève des immortels
Gauthier, Lalonde, Grandmaître
comme avant ailleurs
Riel et Dumont

notre vie s'est conjuguée
d'entêtements acharnés
sur les trottoirs de la rue Guigues
sur les rives de la baie Géorgienne
sur le parvis de Queen's Park

on ne badine pas avec nous
le Franco n'est pas votre pantin
il ne danse pas au claquement de vos doigts

nous avons retenu les enseignements de l'Histoire
toujours nous luttons
nous savons que chacune de nos batailles

s'illustre au champ d'honneur

nous sommes de celles et ceux qui restent
celles et ceux qui résistent
toujours plus nombreux

d'autres avant vous l'ont appris
nous ne savons pas capituler

tenez-vous le pour dit !

Présence et poing levé

Lélia Young

Le geste s'est fait plume et encre
Il ourle l'écume des vagues

Tenir la tête de l'hydre et dire non

Dans la filière du vol culturel
qui cherche à instaurer le mutisme
seule la langue manifeste la parole
qui s'oppose à l'usurpation

Elle ouvre la porte de la métamorphose
à la découverte de ce qui est déjà
mais sur lequel l'œil n'a pu se poser

La vérité est sur la scène
Ford ! Lève le rideau
Il n'y a pas de marche arrière

Le livre sous toutes ses formes forge la matière
et devient étincelle parmi les générations

Créer son lien au monde par son histoire
est un pacte de foi envers son existence

Tel un obélisque résistant au temps
un Inukshuk orientant la marche
la langue est le berceau d'un peuple
son emploi et sa connaissance

Savoir saisir ses repères
et résister à la cupidité funeste
qui veut enrayer la survie d'une culture
chaude de son humanisme et de sa science

Tenir la tête de l'hydre et dire non
au vol de son identité

Parer au danger du mensonge
en reconnaissant l'apport collectif

Sauvegarder l'histoire sur son terrain
pour que la gratitude remplace la haine
et que la conscience indestructible
écrive l'indéfectible réalité

Le triomphe de l'avenir

L'espoir d'un orbe ensoleillé
meuble sa terre ciselée
de mots témoins et d'universités
loin du plomb et de l'opprobre

Reste tout près parole cristalline
voix maternelle qui scintille de clarté
son étincelant de notre postérité
présence de la naissance jusqu'au trépas

Et que résistance soit !

Hédi Bouraoui

Résister aux maux des préjugés et de l'intolérance
Et se libérer des méfaits de l'infecte ignorance

Résister aux fruits amers de la haine
Et semer du blé… des fleurs… des aubaines…

Résister aux attaquants tordus qui chamboulent
Et faire lever les poings à les rendre maboules

Résister au Bull-Ford nous privant de notre langue
Et l'envoyer paître dans les orties des harangues !

Résister à tout racisme de n'importe quel borné
Et cultiver solidarité… générosité… liberté…
dignité…

Résister à tout pouvoir qui assujettit l'humain
Et encourager les êtres à trouver leur propre chemin

Résister aux outrages de n'importe quel crétin
Et retrouver la paix des anges en tous les matins !

Résister aux terroristes qui sèment mort et désolation
Et vivre en fière fraternité qui déleste toutes les
tensions

Résister aux Puissants qui globalisent la bêtise
Et renforcer les liens humains mieux que leurs
sottises

Résister aux menteurs qui empoisonnent la vie
Et aiguiser l'esprit à éteindre leurs félonies

Résister aux nantis qui pensent acheter le monde entier
Et chérir le peu qui couronne de joie toute adversité

Résister aux anti-migrants par haine viscérale de l'étranger
Et les accueillir de toute la force de notre proverbiale hospitalité

Résister aux hors-la-loi qui saccagent sans état d'âme

Et rectifier leurs méfaits tout en sanctionnant leurs drames

Résister au chaos du monde généré par avidité
Et cueillir les fleurs de l'amour en partage de solidarité

Je n'ai que des mots pour rythmer ma *nomadanse*
Et tout le reste n'est que brandir la résistance
Puis continuer à contrer toutes les outrances

Résiste

Gabriel Osson

Je souffre pour toi, ma langue
Jusqu'au fond de mon âme
Je pense à tes batailles
Aux affronts faits
Pour t'abaisser et t'humilier

Résiste
Belle langue
Sous le poids des décisions assassines
Et les avilissements de ton peuple
Par des ignares
Qui ne connaissent point
Ton histoire ni ta contribution
Qui voudraient d'un revers de main
Oblitérer 400 ans
De présence francophone
Sur cette terre ontarienne

Résiste
Belle langue
Tu as traversé les océans
Et bravé des rivières
Pour le droit d'exister
Sur ce continent
Côtoyant au passage
Peuples autochtones et anglais
Comme les autres
Tu as mérité ta place
Continue de crier haut et fort ta présence

Résiste
Même quand on te dit
Speak white
Résiste encore davantage
Parle plus fort
Par la voix de ton peuple
Qu'on veut opprimer
Et assimiler

Sois fière de tes accents divers
Aussi colorés
Que tes aurores
De tes enfants

Nouvellement arrivés
Qui s'ajoutent à ta destinée

Résiste
Comme tu l'as déjà fait
Dans tes précédentes luttes
Pour assurer ta pérennité
Et transmettre ton héritage culturel
Tu as su et sauras passer fièrement
À travers les siècles
Pour tes héritiers à venir

Des vastes étendues du Nord
Au littoral de tes lacs du Sud
Tu restes et demeures
Notre fierté

La ligne droite

Michel Thérien

Le temps aura vite fait
le tour de la ligne droite
du cercle et de son retour
sur cette chose qui s'abîme
et que l'on nomme nos droits.
Nos droits sont notre langue
notre dernier lieu d'exil
pour mieux nous survivre.
Debout au centre de nous
elle se métamorphose
devient résistance.

Longtemps, j'ai cédé

Michel Ouellette

Longtemps, j'ai cédé
Cédé le passage
Cédé ma place
Marché les yeux fermés sur mes rêves
Et mes ambitions

Longtemps, j'ai cédé
Au plus fort
Au plus dur
J'étais mou et sans volition
J'ai dit oui
J'ai dit non
Je me suis souvent dédit

Longtemps, j'ai cédé
Plié, j'ai plié
L'échine et les bagages
J'avais du verre dans le visage
Verre vide
Verre plein
Hiver sans vérité
Habillé de toute ma nudité

Je tremblais

Une feuille dans le vent
Une feuille blanche
Des lignes d'horizon
Des lignes bleues

Un bras tendu
Une main crispée
Je me couche sur du papier
Mon corps se métamorphose, alors
Un gros mot
Traverse la feuille
Veut fracasser l'espace public qui dépouille
Je suis debout sur la ligne de faille
Un mot gros de mes orages dans la bouche
Éclate
Je le vomis
Je le vocifère
Sur tout ce qui veut m'enfermer
Je l'écris
Solaire, il s'entête au centre de la clameur du monde
Il persiste et signe
L'acte de sa puissance
Il est cri, crime, crise
Il appelle
Il brille par sa présence
Et brise le silence

Temps

VOICI VENIR LE TEMPS DES GRANDS VENTS

Margaret Michèle Cook

les pousses asséchées
plongent leurs racines
plus profondément dans la terre
déterminées

et nous aussi

les coureurs fatigués
remplissent leurs poumons
inspirent longuement l'air frais
ranimés

et nous aussi

les roches des millénaires
tiennent fermes et immobiles
sous pluie neige glace eau bourrasque
constantes

et nous aussi

les fiers chats tigrés
emmagasinent leur énergie
près d'un lumineux feu de foyer
scrutent l'horizon

et nous aussi

et nous aussi perspicaces
pour mieux sauter
et nous aussi solides
pour mieux durer
et nous aussi courageux
pour mieux défendre
et nous aussi vivaces
pour mieux tenir

reprendre
poursuivre
accrocher
manifester
être

terre, air, eau et flammes
jamais éteintes
coquillages carapaces perles
et paroles nôtres

et nos doigts sont longs
et nos mains et nos bras
et nos pieds et nos jambes
aussi

et notre armure perdure

voici venir le temps des grands vents

Leur temps est-il nôtre ?

Nicole V. Champeau

Je dirai l'espérance de leurs voix anciennes
Leur passé parcouru d'avenir
J'irai là où ils ont hiverné

Guidés par les Premières Nations
        une traversée de ferveur
Ils ont navigué sur le Saint-Laurent
        entre mille isles
        vers l'infini des Grands Lacs

En 1669,
        il s'appelait Cavelier de la Salle
En 1749,
        Joseph-Gaspard Chaussegros de Léry, fils
En 1759,
        Pierre Pouchot
        Il a connu l'*yre* d'un Niagara
            un Haut Saint-Laurent grave et de lumière
            les soubresauts d'une Nouvelle-France
            accablée

Et d'autres encore sont venus
parchemin de labeurs
Les Pasquier, les Patenôtre, les Bruyère, les Gibeault
Mes ancêtres
Jean-Baptiste, Joseph, Albert, Marie-Louise
Irène, Léona, Isabeau
Je dirai leur passé de cire et d'encens
les quelques cierges d'une lointaine Chandeleur

Cette terre
Ils l'ont habitée… en notre nom
ont rêvé d'elle
par elle ont supplié les lendemains

rituels de roses, d'étoiles du matin
d'amour et d'alliance
De semences en récoltes
comment dire encore ce noyau de savoir *françois* ?
aussi *françois* que leur résistance ?

Leurs litanies nous ont menés jusqu'ici…
Sans charte, ni carte, ni désir de conquête
À la lueur de leurs bras… jusqu'ailleurs

De réalité en récits ils marchent encore
Sur des ponts de glace
        et peut-être même dans les airs
        brèche entre les morts et les vivants
Naufragés par intermittence
        Et toujours libres
Le temps les recueille
Le temps dérive et les défend

Entre des pages difficiles
Repensées… retravaillées…
        mots de fruits mûrs et de partage
        palabres de giboulées
            de chaleur, de sapinage
Leur vie en la nôtre possible

Est-ce dérive de siècles passés ?
Une invite aux sources intimes ?

Le même combat ?

LARME DU PEUPLE

Daniel Groleau Landry

de neiges et d'émeraudes
un drapeau recouvert de poussière d'ange
ses joyaux étalés dans la sloche d'un automne bleu
dans le vent humide d'un décembre embryonnaire
pis le sel qui passe se câlisse
de la blancheur des principes
de la politesse des acteurs
ou de la fragilité du regard des enfants
qui demandent à maman pourquoi on est là
quinze mille
devant l'hôtel de ville devant nos écrans on est là
quinze mille
manifestant au Canada
pis dans nos têtes y'a rien qui se passe
aux États-Unis cette journée-là
pendant une ostie de journée
on ignore que des orangs-outans
ont capturé les ogives nucléaires
pis on lève la voix en criant
nous sommes nous serons et nous savons nous battre
pour notre place

pis c'est nous les sapins les trails de skidoos
les traceurs de culture les chefs de file
pis c'est nous les bagarreurs les têtus
les racle-la-gorge les toujours les mêmes à toutes pis
c'est nous qui jouons qui rêvons et qui lisons les
nouvelles qui braillons en jouant de la musique

à tue-tête à crève-cœur éperdument perdus
dans les cratères de nos prières
criées dans la langue de nos mères
gravées dans l'oreille muette de l'Histoire

encore et encore et encore des jouets du pain et du
cirque s'il vous plaît
rêver de devenir un virus dans l'inconscience
instantanée des flux d'actualité
pour avoir l'impression un moment d'exister
d'être unique comme tout le monde
d'avoir dix millions de vues et
dix millions de vies et
aucune d'entre elles
substantive

sauf celle-ci.

de neiges et d'émeraudes
et de ciels bleus par ici avec plein de nuages gris
l'immensité du songe collectif qui se fait secouer
comme
colon colonisateur barbarique et bandé
sur l'idée de cracher sa bêtise sulfurique
sur le drapeau d'un peuple né dans les tranchées
d'une guerre perpétuelle contre sa propre invisibilité

nous avons construit une mythologie
mammifère et effarouchée
sur l'autel des rêves hippies
de l'amour libre et du *LSD*

nous avons soutiré au roc
au vent et aux arbres
la sève de nos orgueils vitaux

jeunes, fragiles et sensibles
malgré les quatre siècles qui nous construisent

cowboys du Nord pis

bâtisseurs de l'Est pis
survivants du Sud
une trinité gauloise qui défend
la troisième langue la plus parlée au monde

nous sommes légion et
nous transcendons nos régions
nos lésions linguistiques sont des ligaments
de platine
et nos hybridités patinent sur la glace
du canal Rideau
nos accents font des pirouettes sur le sentier
mainstream
et la langue du peuple
est l'âme du peuple
et l'arme du peuple

DE TOUTES LES HISTOIRES
David Ménard

nous avons trouvé une histoire dans un vieux grimoire

la nôtre

il était une fois
des gens au cœur en forme de trille...
un jour
un petit petit monsieur se prenant pour un roi
s'inspira de l'un de ses prédécesseurs
qui qualifiait son peuple de « sans histoire »
pour éteindre ses gens comme on étouffe un ruisseau

l'atterrement fut torrentiel, gris, noir, partout
les cœurs d'enfants vieillirent
Suzanne Pinel ne savait plus que faire
Poirier et Ménard furent mis à l'amende 17 fois
Breen Leboeuf et Hawkesbury eurent encore les blues
le chenail fut une fois de plus submergé
les épingles à chapeaux, avalées
et dans l'obscurité
les rues Main de la contrée furent plongées
comme si Étienne avait fini de brûler

quelque peu agacés, nous avons fermé le livre
de toute façon, la suite se laissait déjà présager
vaincre un petit petit homme qui se prend pour un roi...
monnaie courante pour nous, habitants blancs, verts
et de toutes les couleurs

nous avons fait du temps un allié
il en avait fait un ennemi
le sablier de son règne se vidant sur sa tête

on n'étouffe pas ce qui ruissèle
même en janvier les sources coulent

nous sommes foisons franches
débordements immaculés
déluges et averses conjugués
à tous les temps

« Montfort, fermé, jamais ! »

nos regards, fermés, jamais
la leçon a été bien apprise

la plume est plus forte que l'épée
surtout quand son encre coule noire sur neige
large, fière, abondante
sur les rivages de deux langues
sur les abords de tant de cultures

nous avons écrit l'histoire…

il était une foi, des gens qui croyaient
au cœur et à la droiture
we speak white, green and all sorts of colours
it will never be « late, too late, much too late »

nous sommes
nous serons toujours là
le ciel sera toujours bleu
le Règlement 17 sera toujours révolu
il y aura toujours du café chez Tim Hortons
et des robes de mariée à Moose Creek

la pêche sera miraculeuse à Rivière-des-Français
nous marcherons sur les eaux à Timmins
les pains se multiplieront à Alexandria
et partout, nous enseignerons nos miracles
en français

dans vingt ans
nous regarderons la reprise de notre victoire à TFO
que Chantal Hébert commentera allègrement
il y aura des banquets de *curds* St-Albert mur à mur
les uns iront à la cabane à sucre à Green Valley
les autres célébreront la Saint-Jean à Iroquois Falls
Catherine Dorion nous enverra un clin d'œil
en portant son t-shirt de Patrice Desbiens

et Amanda Simard ne sera plus assise toute seule
elle serrera la couronne de Gisèle contre son cœur
entourée de nous
peuple de toutes les histoires

Plaine de la résistance
André Charlebois

Un réveil brutal, dans la douceur d'un rêve perdu
Un cauchemar éteint dans l'âtre du foyer
L'étincelle s'affole de peur de périr sous le couperet
D'un stylo bleu foncé, bleu glacial, bleu triste.

Que dire de ces réveils dans un paradis vert
Une toile blanche recouvrant une langue prisée
Par nos ancêtres, léguée des aïeux aux enfants
Seront-ils au rendez-vous ?

Et j'ai grandi dans cet espace brun
voisin d'une usine de pâtes et papiers
écrin pour un recueil tout bambin
aux balbutiements francos
que seul un Hawkesburois comprend.
Je m'approprie une langue, assoiffé
d'avoir lapé des gouttelettes de syllabes acérées.

Dans mon école, les cours s'offrent en anglais
juste parce qu'un politico-pantin a patiné sa signature
je ne veux pas compter mes lettres
dans une langue envahissant mon avenir.

Et le chant redevient la plaine, plaine de la résistance
Le sang ne coule pas, mais le bon sens s'écoule
On veut déplacer Notre place…
Pas un geste déplacé
Juste un geste d'honneur

Mon Verbe, j'y tiens – je suis, je serai
Ma Santé, c'est mon fort
Mon École, viens t'éduquer chez nous
Mes Lois, mes acquis

Le duvet tranchant d'une coupe sournoise
Rouille les esprits bleuis par le sourire.

Et le chant redevient la plaine, plaine de la
résistance.

CACTUS / CARNAVAL
Paul Ruban

les monuments
s’effritent
s’ensevelissent
sous mousse

ce qui compte
          c’est
          le long grelin
          tissé de toutes
          ces langues
roses charnues
rugueuses muqueuses
grouillantes couleuvres
qui s’frenchent
en liesse
entortillées
les unes aux autres
en un seul
et joyeux cordage

nerf lingual
nerf de la guerre
embobinant les siècles
          effiloché par bouts
mais coriace
          intact

qu'importe
si nos tattoos trille-lys
perdent leurs pétales

ce qui compte
    c'est la constance
    des cactus
    { il en pousse
      en ontario
      contrairement
      à la croyance
      populaire }

forêt après verdoyante
forêt de
sublimes cactacées
enracinées
jusqu'au noyau
de la terre

immuables
irrévérentes
piquant ceux qui
les fâchent
    de leurs épines
    en forme d'épingle

un choix
à chaque réveil

rendre
éternel
ou non
le carnaval
de cette
langue lumineuse
où djénéba jean-guy
sergueï lupe
tourbillonnent
sous des confettis

d'accents graves et aigus
de cédilles de trémas

la clef de l'immortalité
suite de
micro-rébellions
pincée de volonté

mes flos
la parleront
longtemps
après que
j'sois parti
i'm sure of it
just watch
n' see

D'ailleurs (j'allume)

Louis Patrick Leroux

Avec le temps / tout
finit par ressembler à du réchauffé, du ressassé
– déjà vu, déjà lu ; la revendication s'épuise,
s'amenuise – on relativise,
on se raisonne, sonné, étonné de ne
plus avoir la force d'opposer une résistance /
plus rien ne résonne / ne rime plus à rien / la
poésie
s'effrite, les vers perdent leurs sens ;
l'idée qu'on se fait de soi
ne tient plus
qu'à un
fil;

<table>
<tr><td>fils</td><td>(d') ailleurs (meanwhile)</td></tr>
<tr><td>du pays, nul</td><td>le souvenir printanier</td></tr>
<tr><td>n'est</td><td>de l'enflure verbale</td></tr>
<tr><td>prophète, ce même</td><td>me ramène</td></tr>
<tr><td>pays finit-il par</td><td>(à ces) vers</td></tr>
<tr><td>ne plus exister</td><td>ce pays, cette</td></tr>
<tr><td>en soi</td><td>contrée</td></tr>
</table>

cet espace en soi, de soi
ce païs nourricier s'étiole à chaque caresse
qu'on lui fait

cette peau de chagrin
refuse qu'on l'effleure

le temps n'efface rien
j'allume avec lui, que des blancs, des coupes à blanc

(hiatus ; *il voyagea*)

j'allume devant le mépris des autres

(hiatus ; *Birnam Wood shall come against him*)

j'allume devant le mépris qu'on porte aux miens

Les incendiaires soufflent autant
sur les braises des autres
que sur les nôtres

Vite ! un sourcier, qui ne fasse pas trop pompier.
Vite ! un pompier, qui sache manier
le tisonnier et le soufflet.

Poème de la présence
Andrée Lacelle

Avant F   il y eut
Après F   il y aura
Et nous résistantes résistants
Mémoire à l'affût
Nous vivons au présent
Au présent de tous les temps

Tant de présences vivaces
Autant de poèmes saluant
Et le poème fait vivre

Au diapason du monde
Notre parole franche disait dit dira
La vie ici
Car nous sommes une histoire

Or à temps perdu s'écrie l'urgence
Une question se pose
Sommes-nous en train de disparaître
En écho une réponse
Sera sera pas   rien ne presse

En piste droit devant
Langue vigie
Langue bouée
Langue boussole

Quels sont les présages ?
Une force mutante à pleine voix dit
Nous sommes ici

Les enfants des enfants des enfants
En tête de file s'exposent
Galvanisent nos pas
Brandissent nos couleurs

Présence passée
Présence traversée
Présence métissée
Car nous sommes des histoires

Quand parfois je dépiste la trace de la trace
Je revois l'arbre de mon enfance
Et l'arbre de ce temps-là qui me fixe
Sera ne sera pas abattu

D'horizons connus inconnus survenant
La poésie s'évertue rapaille besogne
Rayonne autant qu'elle concentre
Et sa langue lucide fidèle muante
Puissante nous soulève nous rassemble

Déjouons novembre noir
Place à la lumière
Vive

Table des poèmes

www.ingramcontent.com/pod-product-compliance
Ingram Content Group UK Ltd.
Pitfield, Milton Keynes, MK11 3LW, UK
UKHW021102270726
13994UKWH00010B/2418

9 782897 441821